Gute Laune kann man essen

mit abwechslungsreicher Lebensmittel-Palette

Ernährung & Psyche

Jeder hat einmal ein Stimmungstief, einen seelischen Durchhänger. All unsere Gemütszustände – das enge Wechselspiel zwischen Körper und Seele – werden im Gehirn biochemisch gesteuert. Dies geschieht durch Botenstoffe, die Neurotransmitter, die bei Bedarf in Lichtgeschwindigkeit hergestellt werden, zum Beispiel Serotonin und die Endorphine. Bestimmte Substanzen in Lebensmitteln sind am Aufbau dieser Glücksboten beteiligt und können damit direkt auf Leistungskraft, Verhalten und nicht zuletzt auf unsere Stimmung wirken.

Gut zu wissen

Gute Laune hängt mit einem entspannten Gesamtempfinden, mit einem ausgeruhten Körper zusammen. Wer permanent unter Streß steht, kann auf Dauer nicht gut drauf sein. Wer also seine gute Stimmung bewahren will, sollte zunächst auf die Signale seines Gehirns achten: nicht über die Müdigkeit hinwegarbeiten, sondern eine Pause einlegen. Aufputschmittel in Form von Energy-Drinks helfen da nicht – im Gegenteil, wenn ihre Wirkung nachläßt, sind der Streß und die Unlust größer als vorher.

Das tut Ihrer Laune gut:

- Mit dem Essen all die Substanzen aufnehmen, die die Abläufe im Gehirn optimieren und aus denen die Botenstoffe, die Neurotransmitter, gebildet werden.
- Ausreichend schlafen, also mindestens sieben bis acht Stunden pro Nacht.
- Körperlich aktiv sein, denn Sport erhöht ebenfalls den Serotonin-Spiegel im Gehirn und kurbelt die Endorphinausschüttung an.

Das nimmt Ihre Laune übel:

- Ein Hauptfeind ist eine spezielle Art von Fettbestandteilen, die sogenannten gesättigten Fettsäuren. Sie brauchen viel Sauerstoff zur Verbrennung und beeinträchtigen damit unter anderem auch den Sauerstofftransport zum Gehirn. Das macht müde, lustlos und manche Menschen sogar depressiv. Reichlich gesättigte Fettsäuren enthalten vor allem tierische Lebensmittel wie fettes Fleisch, Speck und Wurst, fetter Käse, Mayonnaise, aber auch viele Süßigkeiten, und fettreiches Gebäck wie Cremetorten.
- Erhöhter Alkoholkonsum wirkt sich ebenfalls negativ auf die Stimmung aus. Zudem gehört er zu den großen Vitamin-B-Fressern, den Vitaminen, die wir dringend zum Bau der Glücksboten benötigen. Kleine Mengen Alkohol können allerdings der guten Laune manchmal den gewissen Kick geben.

Nahrung fürs Gehirn

Damit unser Gehirn, das alle Abläufe im Organismus zentral steuert, seine vielfältigen Aufgaben erfüllen kann, braucht es:

- reichlich Sauerstoff
- genügend Energie in Form von Glucose, der kleinsten Einheit der Kohlenhydrate. Am besten aus Vollkornbrot, Getreide, Kartoffeln, frischem Gemüse und Obst.
- mehrfach ungesättigte Fettsäuren, die dafür sorgen, daß die Schutzschicht der Nervenzellen funktionstüchtig bleibt und die Informationen möglichst schnell weitergeleitet werden. Diese Fettsäuren sind zum Beispiel reichlich in kaltgepreßten pflanzlichen Ölen, in Nüssen und Samen sowie in Meeresfischen wie Makrele, Hering, Thunfisch und Lachs enthalten.
- Aminosäuren, die kleinsten Eiweißmoleküle, werden als Bausteine von Neurotransmittern und Hormonen benötigt. Gute Quellen sind Fisch, Meeresfrüchte, mageres Fleisch, Eier, Milch und Milcherzeugnisse, Käse sowie Getreide und Hülsenfrüchte.
- einen ausgewogenen Cocktail von Vitaminen, Mineralstoffen und Spurenelementen. Er ist wichtig, um die biochemischen Prozesse in Gang zu bringen, den Funken zu zünden. Diese Vitalstoffe stecken reichlich in frischem Gemüse und Obst, in Getreide- und Milcherzeugnissen, magerem Fleisch, Fisch, Nüssen, Samen und Kräutern.

Substanzen *täglich mehr Wohlbefinden* für gute Laune

Biostoffe machen glücklich

Die Neurotransmitter, die die Informationen von einer Nervenzelle zur anderen transportieren, sind entweder Substanzen, die unmittelbar aus unserem Organismus zur Verfügung stehen oder aus der Nahrung stammen. Manche Botenstoffe müssen aber auch erst im Gehirn hergestellt werden. Die Bausteine dafür sind meist Aminosäuren, oft werden zusätzlich Vitamine, Mineralstoffe, Spurenelemente oder auch Fettsäuren gebraucht. Von den bisher über 60 entdeckten Neurotransmittern helfen folgende Ihrer guten Laune auf die Sprünge:

Serotonin

Diese Substanz wird auch das »Gute-Laune-Hormon« genannt, denn es spielt die chemische Hauptrolle beim Glücksgefühl. Ist es ausreichend vorhanden, sind wir ausgeglichen, gut gelaunt. Serotonin fördert die Entspannung und das Wohlbefinden, unterstützt den Tiefschlaf. Hat das Gehirn zu wenig davon, sinkt der Stimmungspegel rapide ab, ein Mangel kann sogar aggressiv machen. Der Botenstoff ist entweder bereits in einigen Lebensmitteln enthalten oder wird aus der Aminosäure Tryptophan gebildet. Und zwar um so mehr, je weniger Fett und je mehr Kohlenhydrate gleichzeitig zur Verfügung stehen.

Acetylcholin

Ausgangssubstanz dieses Neutrotransmitters ist Cholin, ein Vitamin der B-Gruppe. Zu den vielfältigen Wirkungen von Acetylcholin gehören die Förderung von Konzentration, Wachheit, Lern- und Gedächtnisleistung. Dieser Botenstoff macht uns mental fit, optimistisch und entspannt. Medikamente und Drogen können den Aufbau und die Wirkung allerdings erheblich stören.

Dopamin

Dieser Neurotransmitter hat eine anregende Wirkung auf Herz, Kreislauf und Stoffwechsel. Er kann die Energiequellen des Körpers mobilisieren. Der Effekt: man ist aktiv und emotional gut drauf. Dopamin beflügelt unsere Gedanken und kann bei hohen Konzentrationen zu überschießenden Phantasien führen. Man taucht dann kurzfristig in die Welt der Tagträume ab. Ein massiver Mangel kann zu Motivationslosigkeit, auch zu emotionaler Leere führen.

Noradrenalin

Es ist neben Serotonin eines der wichtigsten »Glückshormone«. Noradrenalin hat eine anregende Wirkung auf das Gehirn, es fördert vor allem Wahrnehmung, Motivation und Energie. Der Botenstoff wirkt zudem antidepressiv. Neue Studien haben gezeigt, daß Noradrenalin in Streßsituationen nicht nur konzentriert macht, sondern Sie sogar optimistisch und euphorisch werden lassen kann, so daß Streß sichtlich Spaß macht und beflügelt. Auch ist es diesem Stoff zu verdanken, daß man sich an erfreuliche Ereignisse oder starke Gefühle besonders intensiv erinnern kann. Der Rohstoff von Noradrenalin ist die Aminosäure Phenylalanin.

Endorphine und Neuropeptide

Unter dem Begriff Endorphine wird eine Gruppe von gehirneigenen Substanzen zusammengefaßt, die wie Drogen oder wie natürliches Rauschgift wirken. Sie können Schmerzen lindern, Wohlbefinden sowie freudige bis euphorische Gefühle auslösen. Wenn der Endorphin-Spiegel steigt, sorgt er für eine ausgeglichene Psyche. Serotonin aktiviert die Endorphine, Noradrenalin verhindert den vorzeitigen Zerfall dieser hochempfindlichen Stoffe. Neuropeptide bewirken erregende Effekte, so steuern sie unter anderem unsere Emotionen, das Sexual- sowie das Eßverhalten.

Diese Stoffe heben die Stimmung

wirken anregend und belebend

Wer gut isst, hat gut lachen

Unter den Lebensmittel-Inhaltsstoffen gibt es eine Handvoll Substanzen, die die positive Wirkung der Neurotransmitter noch verstärken können, zum Beispiel:

✱ Sekundäre Pflanzenstoffe: Das sind rund 30 000 verschiedene bioaktive Nahrungsbestandteile wie Farb-, Duft- und Aromastoffe, vor allem in frischem Obst und Gemüse. Sie haben einen erheblichen Anteil an einem gesunden und vitalen Organismus.

✱ Etliche Gewürze sind Balsam für die Seele. So kann Safran mithelfen, das positive Lebensgefühl zu steigern, Muskatnuß und Zimt wirken stimmungsaufhellend. Die süßliche Würze der Vanille setzt Endorphine frei, die ein wohliges Gefühl erzeugen.

✱ Capsaicin: Das ist die Substanz, die für die Schärfe von Paprika und Chilischoten zuständig ist. Auch sie setzt Endorphine frei.

✱ Sinigrin: Der Inhaltsstoff im Senf kann Wachheit und Aktivität ankurbeln und so die Lebensfreude unterstützen.

✱ Weckamine entstehen durch Bausteine des Hafereiweißes und bewirken die Freisetzung von Dopamin, welches wiederum eine Vorstufe des Serotonins ist. Durch Weckamine werden nicht nur Konzentration und Leistung gefördert, gleichzeitig heben Hafer und Haferflocken die Stimmung.

✱ Koffein: Testpersonen bei Untersuchungen gaben an, daß sie durch Kaffee (zwei Tassen am Tag) einen klareren Kopf, mehr Selbstvertrauen und Energie hätten. Das Koffein verstärkt wahrscheinlich die Wirkung der leistungsfördernden Hormone Dopamin und Noradrenalin. Ein übermäßiger Kaffeegenuß allerdings bewirkt das Gegenteil, man wird zittrig und nervös.

✱ Das Kakaopulver in Schokolade enthält etliche hochwirksame Substanzen, die Frust und Liebeskummer lindern und die Sinne beleben. Zum Beispiel Theobromin regt das zentrale Nervensystem an oder Phenyläthylamin erhöht den Serotoninspiegel und beflügelt so Lust und Laune.

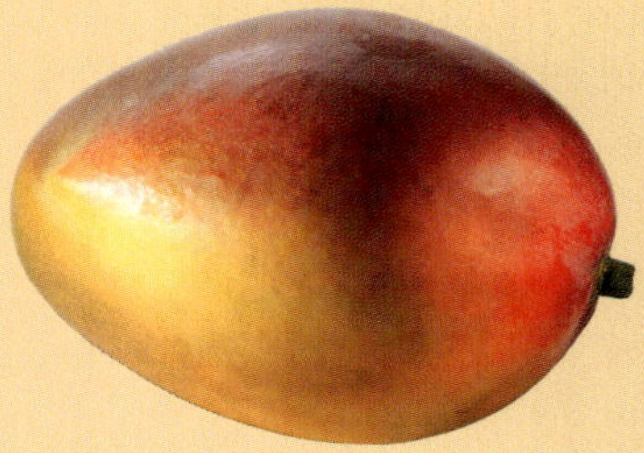

NEURO-TRANSMITTER	HILFT BEI	REICHLICH ENTHALTEN IN
Serotonin	Stimmungsschwankungen, Heißhunger auf Süßes, Unruhe, Reizbarkeit, leichten Angstgefühlen, Einschlafstörungen	Nudeln, Reis, Kartoffeln, Vollkorngetreide, Vollkornbrot, Nüssen, Datteln, Feigen, Bananen, Ananas, Süßigkeiten, Hülsenfrüchten, Tofu, rotem Gemüse, Rettich, Fenchel, Milchprodukten, Käse, Seefisch, Meeresfrüchten, magerem Fleisch, Geflügel
Acetylcholin	Konzentrations-, Lern- und Gedächtnisschwäche, Anspannung	Leber, Eigelb, Käse, Haferflocken, Soja-, Lecithin, Hülsenfrüchten, Vollkorngetreide, Vollkornbrot, Nüssen, Weizenkeimen, Sesamsamen, Bierhefe
Dopamin	Konzentrationsschwäche, Motivationslosigkeit	Milch und Milchprodukten, Käse, Eiern, Kartoffeln, Reis, Nudeln, Geflügel, Fleisch, Fisch, Meeresfrüchten
Noradrenalin	psychischem Streß, Schlafstörungen, depressiven Verstimmungen, Konzentrationsmangel, fehlender Motivation	Milch und Milchprodukten, Fisch, Meeresfrüchten, Eier, Geflügel, Fleisch, Vollkorngetreide, Hülsenfrüchten, rotem Gemüse, Spinat, Äpfeln, Ananas, Nüssen, Schokolade
Endorphine und Neuropeptide	Streß, Leistungsdruck, Stimmungsschwankungen, Mattigkeit und Depressionen	Fisch, Fleisch, Geflügel, Milchprodukten, Vollkorngetreide, Nudeln, Vollkornbrot, Honig, Bananen, Trockenfrüchten, Schokolade und anderen Süßigkeiten

Power-woche

das Glück geht durch den Magen

Raus aus dem Stimmungstief

Was Sie für sich tun können, wenn Sie sich traurig, müde und lustlos fühlen: Genießen Sie sieben Tage lang die besten Rezepte für gute Laune. Diese sind obendrein gesund und unkompliziert in der Zubereitung. Alles in allem harmonisiert diese Woche Ihre Psyche, setzt die positiven Energien frei und »macht glücklich«.

Der Wochenplan

Für jeden Tag der Woche finden Sie hier Vorschläge für das Frühstück, Mittag- und Abendessen. Diese Gerichte können Sie natürlich nach Lust und Laune beliebig austauschen, denn alle Rezepte in diesem Buch enthalten die erwähnten Powerstoffe für mehr Ausgeglichenheit und Lebensenergie. Berufstätige, die nicht zweimal am Tag kochen können, wählen sich ein Gericht für den Abend aus. Für die Mittagspausen können Sie auch die beiden Sandwiches aus dem Frühstücks-Kapitel (Seite 16) mitnehmen. Bestens eignet sich auch Vollkornbrot mit nicht zu fettem Käse oder Mozzarella mit Papaya und Basilikum (Seite 27). Ebenso eignet sich jedes frische Obst wie Äpfel, Birnen, Beeren, Bananen, Feigen oder Ananas, das Sie zusammen mit Joghurt oder Quark und ein paar Nüssen am Arbeitsplatz genießen können.

Natürliche Aktivstoffe

So können Lebensmittel auf Ihre speziellen Bedürfnisse wirken:

- Leistung und Konzentration fördern eiweißreiche Nahrungsmittel wie Milch und Milcherzeugnisse, Fisch, Meeresfrüchte und mageres Fleisch. Aber auch Nüsse, Hülsenfrüchte und Weizenkeime.
- Anregende Substanzen sind enthalten in Safran, Muskatnuß, Ingwer, Pfeffer, Zimt, Vanille, Pfefferminze, Basilikum und Petersilie.
- Entspannend wirken vor allem Nachtschattengewächse wie Kartoffeln, Tomaten und Paprika, aber auch Getreide, Nudeln, Reis und grünes Gemüse.
- Für starke Nerven sorgen Weizenkeime, Haferflocken, Hirse, Reis, Vollkornbrot, Mandeln. Auch Leber und mageres Schweinefleisch.
- Streß abbauen läßt sich mit Milch und Milcherzeugnissen, Eiern, Käse, Fisch, magerem Fleisch, Vollkornprodukten, Kartoffeln, Gemüse, Obst, Nüssen und Sesamsamen.

WOCHENPLAN

Montag

- Kefir-Müsli mit Erdbeeren
- Tomaten-Drink mit Basilikum ❋ Zucchinirösti mit Lachsstreifen
- Waldorfsalat mit Ananas

Dienstag

- Sandwich mit Putenbrust
- Heilbutt mit Reis-Gemüse-Kruste
- Tex-Mex-Rolle mit Avocado ❋ Aprikosen-Quark-Gratin

Mittwoch

- Walnuß-Beeren-Joghurt
- Mango-Lassi mit Ahornsirup ❋ Gemüsecurry mit Erdnüssen
- Maisfritters mit Krabben

Donnerstag

- Rühreier mit Cheddar; dazu Vollkornbrot
- Gefüllte Kartoffeln; dazu gemischter Blattsalat
- Cremige Safransuppe ❋ Ananas-Papaya-Salat

Freitag

- Sanddornquark mit Weintrauben
- Thunfisch aus dem Ofen; dazu Naturreis
- Couscous-Salat mit rotem Gemüse

Samstag

- Gorgonzola-Sandwich
- Gemüsetopf mit Hirse ❋ Schokoladen-Mousse
- Rote-Bete-Orangen-Salat; dazu Mehrkornbrot

Sonntag

- Lachs-Mousse mit Vollkornbaguette
- Chili-Hähnchen mit Mango ❋ Erfrischender Zitrus-Kefir-Drink
- Rote-Linsen-Rucola-Salat

Walnuß-

mit goldgelb

Beeren-

gerösteten Haferflocken

Joghurt

Zutaten für 2 Personen: • 4 EL Haferflocken • 2 EL Walnußkerne • 300 g Joghurt (1,5 % Fett) • 1–2 TL Akazienhonig • 100 g gemischte Beeren

Die Haferflocken in einer kleinen beschichteten Pfanne ohne Fett unter Rühren goldgelb anrösten. Die Walnußkerne mittelfein hacken. Nüsse und Haferflocken mit dem Joghurt verrühren und mit Honig abschmecken. Den Nußjoghurt in hohe Bechergläser füllen. Die Beeren kurz waschen und auf dem Joghurt verteilen.

power

PRO PORTION: 250 KCAL • 9 g EW • 13 g F • 24 g KH

Kefir-Müsli mit Erdbeeren

mit Ahornsirup natürlich gesüßt

Zutaten für 2 Personen: • 1 Banane • 100 g Erdbeeren • 4 EL ungesüßte Müsli-Mischung • 2 EL Weizenkeime • 200 g Kefir (1,5 % Fett) • 2 TL Ahornsirup • 1 Zweig Zitronenmelisse

Die Banane schälen und in Scheiben schneiden. Die Erdbeeren waschen, putzen und vierteln. Die Früchte auf je einer Tellerhälfte anordnen. Müsli-Mischung und Weizenkeime vermischen, daneben anrichten. Zwischen Obst und Müsli den Kefir verteilen und mit Ahornsirup beträufeln. Das Müsli mit Zitronenmelisse garnieren.

power

Pro Portion: 190 Kcal • 7 g EW • 3 g F • 42 g KH

Sanddorn-Quark mit Weintrauben

liefert besonders viel Vitamin C

Zutaten für 2 Personen: • 200 g grüne und blaue Weintrauben • 200 g Quarkzubereitung (0,2 % Fett) • 4 EL gesüßter Sanddornsaft • 1 Päckchen Vanillezucker • 2 EL gemahlene Haselnüsse • 1 EL Zitronensaft

Die Trauben waschen, von den Stielen zupfen und längs halbieren, nach Belieben entkernen. Den Quark mit Sanddornsaft, Vanillezucker und Haselnüssen vermischen und mit Zitronensaft abschmecken. Zwei Drittel der Trauben abwechselnd mit dem Quark in kleine Glasschüsseln füllen. Obenauf die restlichen Trauben verteilen.

power

Pro Portion: 245 Kcal • 16 g EW • 9 g F • 27 g KH

Rühreier mit Cheddar

auf kräftigem Vollkornbrot

Die Eier mit Milch, etwas Pfeffer und wenig Salz verrühren, bis die Eiermischung glatt, aber nicht schaumig ist. Die Butter in einer beschichteten Pfanne bei mittlerer Hitze aufschäumen.

Die Eimasse hineingießen und bei schwacher Hitze langsam stocken lassen, dabei ab und zu mit einem Pfannenwender behutsam von außen nach innen zusammenschieben.

Die Paprikahälfte waschen, putzen und fein reiben. Dann mit dem Cheddar über dem Rührei verteilen, den Käse schmelzen lassen. Das Rührei ist fertig, sobald es gestockt, aber noch cremig und glänzend ist. Das Rührei auf dem Vollkornbrot verteilen und warm servieren.

Zutaten für 2 Personen:

3 Eier
4 EL Milch
weißer Pfeffer
Salz
1 EL Butter
1/2 kleine rote Paprikaschote
4 EL grob geriebener Cheddar
4 Scheiben Vollkornbrot

Hühnereier

Sie gehören zu den nähr- und wirkstoffreichsten Lebensmitteln. Ihr Gehalt an den fettlöslichen Vitaminen sowie den Vitaminen B_2, B_{12} und Folsäure ist ungewöhnlich hoch. Das enthaltene Lecithin gilt als wichtiger Nährstoff für Gehirn und Nerven. Die Aminosäure Tryptophan ist hauptsächlich am Aufbau des Glücksboten Serotonin beteiligt.

power

PRO PORTION:
380 KCAL
20 g EW • 21 g F
27 g KH

Lachs-Mousse

für sonntags und besondere Anlässe

Den Räucherlachs in große Stücke schneiden. Danach den Lachs mit Olivenöl, Butter, Quark, etwas Salz, Pfeffer und 1 Eßlöffel Zitronensaft im elektrischen Zerhacker oder Mixer fein pürieren.

Zutaten für 2 Personen:
75 g Räucherlachs
1 EL Olivenöl
1 EL weiche Butter
30 g Magerquark
Salz, Pfeffer
1–2 EL Zitronensaft
1/2 Bund Schnittlauch
150 g Lachsfilet
4 Scheiben Mehrkorntoast

Den Schnittlauch waschen, trockenschütteln und mit der Küchenschere in feine Röllchen schneiden. Das Lachsfilet in kleine Würfel schneiden, zusammen mit dem Schnittlauch unter die Mousse mischen. Mit Salz, Pfeffer und dem restlichen Zitronensaft abschmecken.

Die Lachs-Mousse bis zum Servieren im Kühlschrank kalt stellen. Die Mousse dann zum Frühstück mit knusprigem, noch warmem Mehrkorntoast servieren.

Omega-3-Fettsäuren fürs Gehirn

Lachs zählt zu den Fischen mit den höchsten Werten an Omega-3-Fettsäuren, die die Nervenzellen schützen und ihren Informationsfluß beschleunigen. Seine Aminosäuren und Vitamine sind am Bau etlicher Stoffe beteiligt, die Stimmungstiefs verhindern und das sinnliche Empfinden erhöhen können. Ein Genuß also, der Lust und Laune macht.

power

Pro Portion:
375 kcal
32 g EW • 19 g F
18 g KH

Sandwich mit Putenbrust

leichter Fitmacher zum Mitnehmen

Zutaten für 2 Personen: • 2 Vollkornbrötchen • 50 g Salatgurke • 1/2 rote Paprikaschote • 50 g Buttermilch-Frischkäse (8 % Fett) • schwarzer Pfeffer • 4 Blätter Romanasalat • 50 g Putenbrust-Aufschnitt

Die Brötchen längs halbieren. Die Gurke waschen und in Scheiben schneiden. Die Paprikahälfte waschen, putzen und fein würfeln. Mit dem Frischkäse vermischen und pfeffern. Die Brötchenhälften damit bestreichen. Die Unterseiten mit zwei Salatblättern, Gurkenscheiben und Putenbrust belegen. Die übrigen Brötchenhälften obenauf setzen.

power

Pro Portion: 275 kcal • 14 g EW • 6 g F • 41 g KH

Gorgonzola-Sandwich

mit frischen Feigen und Pistazienkernen

Zutaten für 2 Personen: • 1 EL Pistazienkerne • 2 längliche Vollkornbrötchen • 2 frische reife Feigen • 100 g Gorgonzola • 4 Blätter Lollo rosso

Die Pistazien grob hacken und in einer Pfanne ohne Fett kurz rösten. Abkühlen lassen. Die Brötchen längs halbieren. Die Feigen waschen und trockentupfen. Feigen und Gorgonzola in Scheiben schneiden. Die unteren Brötchenhälften mit Salatblättern, Käse und Feigen belegen, mit Pistazien bestreuen. Die übrigen Brötchenhälften darauf setzen.

power

Pro Portion: 400 kcal • 16 g EW • 19 g F • 42 g KH

Schinkentatar mit Gemüse

mit viel bioaktiven Substanzen

Die Mixed Pickles in einem Sieb kurz abtropfen lassen. Anschließend möglichst fein hacken. Den Apfel waschen, abtrocknen, vierteln und von den Kernen befreien. Die Apfelviertel in kleine Würfelchen schneiden. Den Schinken ohne Fettrand ebenfalls fein würfeln.

Mixed Pickles mit den Apfel- und Schinkenwürfelchen in einer Schüssel vermischen. Joghurt und Senf dazugeben und unterrühren. Das Tatar mit Pfeffer abschmecken. Das Schinkentatar auf die Vollkornbrote verteilen, die Scheiben mit einem Messer diagonal halbieren und mit den Schnittlauchröllchen oder Kresseblättchen bestreut servieren.

Zutaten für 2 Personen:

50 g Mixed Pickles (aus dem Glas)
1 kleiner Apfel
100 g gekochter Schinken
2 EL Joghurt (1,5 % Fett)
1 Msp. Senf
weißer Pfeffer
4 Scheiben dunkles Vollkornbrot (z. B. Katenbrot)
1 EL Schnittlauchröllchen oder Kresseblättchen

* Sauer macht fit

Mixed Pickles, das säuerlich eingelegte Gemüse, enthält Milchsäurebakterien, die eine wohltuende Wirkung auf unseren Stoffwechsel haben. Sie schützen vor schädigenden Bakterien und Pilzen, beugen so Infektionen vor und stärken unser Immunsystem. Das hält den Body gesund und fit.

Pro Portion:
370 Kcal
20 g EW • 11 g F
47 g KH

power

Rote-Bete-Orangen-Salat

reich an Serotonin und sekundären Pflanzenstoffen

Die roten Beten waschen, schälen und würfeln. In einem Topf mit 75 ml Wasser und dem Ahornsirup zugedeckt bei schwacher Hitze 8–10 Minuten köcheln lassen. Von der Kochstelle nehmen, Zitronensaft und Sherry einrühren. Die roten Beten zugedeckt über Nacht in den Kühlschrank stellen.

Zum Servieren die roten Beten abtropfen lassen. Die Orangen dick schälen, zuerst halbieren, dann in dünne Scheiben schneiden. Den Saft dabei auffangen und bis auf 2 Eßlöffel zu den roten Beten geben. Die Fenchelknolle waschen, putzen und in möglichst dünne Scheiben schneiden.

Übrigen Orangensaft mit etwas Salz, Pfeffer und Öl verrühren. Die Fenchelscheiben damit beträufeln. Dann zusammen mit den Orangenscheiben und den rote Beten auf Tellern anrichten. Die Cashewkerne grob hacken und darüber streuen.

Zutaten für 2 Personen:

200 g kleine rote Beten
1 EL Ahornsirup
2 EL Zitronensaft
2 EL Cream-Sherry
2 kleine Orangen
1 kleine Fenchelknolle (150 g)
Salz
weißer Pfeffer
1 EL Olivenöl
2 EL Cashewkerne

power

PRO PORTION: 250 KCAL • 6 g EW • 11 g F • 28 g KH

Waldorfsalat

erfrischend und vitaminreich

mit Ananas

Von den Walnüssen 2 Eßlöffel grob hacken. Den Staudensellerie waschen, putzen und fein würfeln. Das zarte Grün fein hacken. Den Knollensellerie schälen, waschen, raspeln oder sehr fein würfeln und sofort mit dem Zitronensaft vermischen.

Zutaten für 2 Personen:

3 EL Walnußkerne
100 g Staudensellerie
100 g Knollensellerie
2 EL Zitronensaft
2 rotschalige Äpfel
2 EL Joghurt-Salatcreme (30 % Fett)
2 EL Sahne oder Milch
weißer Pfeffer
100 g frisches Ananasfleisch

Die Äpfel waschen, trockenreiben, vierteln, entkernen und fein würfeln. Die Apfelwürfel unter den geraspelten oder gewürfelten Sellerie rühren.

Die Joghurt-Salatcreme mit der Sahne oder Milch glattrühren, mit etwas Pfeffer würzen. Mit der Sellerie-Apfel-Mischung, den Walnüssen, dem Staudensellerie und dem Selleriegrün vermengen. Den Salat zugedeckt 1 Stunde kalt stellen. Das Ananasfleisch in Stücke schneiden, unter den Waldorfsalat heben. Mit den übrigen Nüssen garniert servieren.

Walnüsse

Die aromatischen Kerne sind randvoll mit Vitalstoffen: Aminosäuren, Vitamine, Mineralstoffe und vor allem reichlich ungesättigte Fettsäuren. Diese Power-Kombination bringt Schwung in die grauen Zellen, vertreibt Müdigkeit und Streß, macht aktiv und hält fit. Gut für Stimmung und Wohlbefinden.

Pro Portion:
325 Kcal
6 g EW • 21 g F
26 g KH

power

Couscous-Salat
mit besonders viel Serotonin
mit rotem Gemüse

Die Möhre, die Zwiebel und den Knoblauch schälen, alles fein würfeln. Das Öl in einem Topf erhitzen. Möhre, Zwiebel und Knoblauch darin andünsten. Mit der Brühe aufgießen und zugedeckt bei schwacher Hitze 2 Minuten köcheln lassen. Den Couscous einrühren, aufkochen, von der Kochstelle nehmen und zugedeckt nach Packungsangabe ausquellen lassen.
Dann den Couscous abtropfen und abkühlen lassen.
Die Tomaten und die Paprikaschote waschen, putzen und in kleine Würfel schneiden. Den Salat waschen, trockentupfen und in Stücke zupfen.
Essig, Salz, Pfeffer und Olivenöl verrühren. Das Gemüse und den Salat damit vermengen. Den Couscous mit Zitronensaft, Salz und Pfeffer abschmecken. Zusammen mit dem Gemüse, dem Salat und dem Basilikum auf Tellern anrichten.

Zutaten für 2 Personen:
1 Möhre
1 kleine rote Zwiebel
1 Knoblauchzehe, 2 TL Öl
150 ml Gemüsebrühe
200 g Couscous
2 Tomaten
1 kleine rote Paprikaschote
4 Blätter Lollo rosso
3 EL Weißweinessig
Salz, schwarzer Pfeffer
1 EL kaltgepreßtes Olivenöl
3–4 EL Zitronensaft
frische Basilikumblättchen

Rotes Gemüse

Die Farben von Lebensmitteln beeinflussen die Psyche ebenso wie ihre vitalen Inhaltsstoffe. Rot symbolisiert Wärme, Kraft und Lebensenergie. Gemüse wie Tomaten, roter Paprika, rote Bete, Möhren, rote Bohnen und Rotkohl wecken die Lebensgeister, schaffen Optimismus und eine positive Lebenseinstellung.

PRO PORTION:
500 KCAL
13 g EW • 14 g F
79 g KH

power

Rote-Linsen-Rucola-Salat

mit warmem Ziegenkäse

In einem Topf das Olivenöl erhitzen und die Rosmarinnadeln darin kurz anbraten. Linsen und Brühe dazugeben, alles bei schwacher zugedeckt 10 Minuten köcheln lassen.

Zutaten für 2 Personen:
2 TL Olivenöl
2 TL frische Rosmarinnadeln
100 g rote Linsen
200 ml Gemüsebrühe
2 Frühlingszwiebeln
1 Bund Rucola (50 g)
2 EL Weißweinessig
Salz
weißer Pfeffer
1 EL Sonnenblumenöl
1 Knoblauchzehe
2 kleine runde Ziegenkäse (je etwa 50 g)

Inzwischen die Frühlingszwiebeln waschen, putzen und in feine Ringe schneiden. Den Rucola putzen, verlesen, waschen und trockenschütteln, die Blätter eventuell zerzupfen. Die Linsen in einem Sieb kurz abtropfen lassen. Essig, Salz, Pfeffer und Sonnenblumenöl verrühren, 2 Eßlöffel davon unter die warmen Linsen mischen. Den Knoblauch schälen und dazupressen. Den Salat mit Salz und Pfeffer abschmecken.
Die Ziegenkäse auf beiden Seiten sternförmig einschneiden. In einer beschichteten Pfanne ohne Fett rundherum anbraten. Frühlingszwiebeln, Rucola und übrige Marinade unter den Linsensalat heben, mit dem Käse auf Tellern anrichten.

Linsen für Schwung und Energie

Rote Linsen gehören wie Erbsen und Bohnen zu den Hülsenfrüchten, haben einen hohen Mineralstoffgehalt und sind reich an Vitamin B_1, dem Fitmacher für Gehirn und Muskeln. Sie haben den höchsten Gehalt an pflanzlichem Eiweiß; besonders reichlich ist Tryptophan vorhanden, der Rohstoff des Serotonins.

Pro Portion:
395 kcal
23 g EW • 20 g F
31 g KH

power

Cremige Safransuppe

mit Lauch und gerösteten Mandelblättchen

Das Brot toasten und klein würfeln. Die Schalotte und den Knoblauch schälen, beides fein hacken. Den Lauch gründlich waschen, putzen und in feine Ringe schneiden. Das Öl in einem Topf erhitzen. Lauch, Knoblauch und Schalotte darin 4 Minuten andünsten. Gut 1 Eßlöffel davon abnehmen und beiseite stellen. Die Brotwürfel und den Safran unter das übrige Gemüse mischen. Mit Brühe aufgießen, aufkochen und zugedeckt 30 Minuten sanft köcheln lassen. Die Sahne kräftig unter die Suppe rühren, mit Salz und Pfeffer abschmecken.

Die Mandelblättchen in einer kleinen Pfanne ohne Fett goldgelb rösten. Die Safransuppe in tiefe Teller verteilen. Mit dem restlichen Gemüse und den gerösteten Mandelblättchen bestreut servieren.

Zutaten für 2 Personen:

- **40 g Vollkorntoast**
- **1 Schalotte**
- **1 kleine Knoblauchzehe**
- **1 zarte Lauchstange (100 g)**
- **1 EL Olivenöl**
- **1/4 TL gemahlener Safran**
- **600 ml Gemüsebrühe**
- **3 EL Sahne**
- **Salz**
- **weißer Pfeffer**
- **1 EL Mandelblättchen**

Safran

Er ist das teuerste Gewürz der Welt. Die Blütennarben einer mediterranen Krokusart werden per Hand geerntet, dann getrocknet. Safran verleiht den Gerichten nicht nur eine markante gelbe Farbe und einen leicht bittersüßen Geschmack, seine bioaktiven Substanzen und ätherischen Öle sind auch Balsam für die Seele. Bekannt ist seit altersher die aphrodisierende Wirkung von Safran.

Pro Portion:
205 Kcal
4 g EW • 13 g F
16 g KH

power

Joghurtsuppe mit roter Paprika

dazu Sesamfladen servieren

Die Paprikaschote vierteln, von Stielansatz, Kernen und Trennhäutchen befreien und waschen. Die Viertel quer in kurze feine Streifen schneiden. Die Frühlingszwiebeln waschen, putzen und schräg in dünne Scheiben schneiden. Den Knoblauch schälen, sehr fein würfeln.

In einem Topf Joghurt, Fleischbrühe und das Ei verquirlen. Unter ständigem Rühren mit dem Schneebesen bei mittlerer Hitze fast zum Kochen bringen. Den Topf von der Kochstelle ziehen, die Suppe mit Salz und Pfeffer abschmecken. Ab und zu durchrühren.

Das Olivenöl in einer kleinen Pfanne erhitzen, je die Hälfte der Paprikaschote, der Zwiebeln und des Knoblauchs darin unter Rühren 3 Minuten dünsten. Die Minze waschen, trockenschütteln und die Blättchen, bis auf ein paar zum Garnieren, hacken. Die Suppe mit dem Pürierstab aufmixen, in tiefe Teller verteilen. Alles Gemüse und die gehackte Minze mischen, auf die Joghurtsuppe streuen. Mit Minzeblättchen garniert servieren.

Zutaten für 2 Personen:
1 rote Paprikaschote
2 Frühlingszwiebeln
1 Knoblauchzehe
250 g Vollmilchjoghurt
200 ml Fleischbrühe
(am besten selbstgemacht)
1 Ei
Salz
weißer Pfeffer
1 EL Olivenöl
3 Zweige frische Minze

power

Pro Portion: 180 Kcal • 9 g EW • 12 g F • 9 g KH

Mozzarella mit Papaya

gewürzt mit Basilikum und Chiliöl

Die Chilischote aufschlitzen, putzen, waschen und in hauchfeine Streifen schneiden. Zusammen mit dem Öl und dem Salz in einer Schüssel verrühren und etwa 20 Minuten ziehen lassen.
Die ganze Mozzarellakugel halbieren, alle Käsehälften in ganz dünne Scheiben schneiden. Die Papaya schälen, längs halbieren und mit einem Löffel entkernen. Die Papayahälften quer in Scheiben schneiden. Das Basilikum, falls nötig, waschen und trockenschütteln. Dann die Blättchen von den Stielen zupfen.
Mozzarellascheiben, Papaya und Basilikumblättchen dekorativ auf zwei flachen Tellern anrichten und mit dem Chiliöl beträufeln. Mit den Sonnenblumenbrötchen servieren.

Zutaten für 2 Personen:
1 kleine rote Chilischote
3 EL Soja- oder Rapsöl
1 Prise Salz
1 1/2 Kugeln Mozzarella
1 reife Papaya
3 Zweige Basilikum
2 Sonnenblumenstangen

power

Exotische Power-Frucht

Papaya enthält Beta-Carotin, das die Nervenzellen vor aggressiven Sauerstoffverbindungen schützt. Das Enzym Papain bringt den Stoffwechsel auf Touren, macht topfit und gutgelaunt.

PRO PORTION:
450 KCAL
23 g EW • 39 g F
4 g KH

Mango-Lassi mit Ahornsirup

Vitaminschub auf indische Art

Zutaten für 2 Drinks: • 300 g milder Joghurt (1,5 % Fett) • 100 ml Mineralwasser • 4 EL Mango-Vollfrucht, ungesüßt • 3 EL Zitronensaft • 2–3 TL Ahornsirup • Minzeblättchen

Den Joghurt mit Mineralwasser, Mango- und Zitronensaft mit einem Schneebesen oder in einem Mixer kräftig verschlagen, so daß die Oberfläche schaumig wird. Den Drink mit dem Ahornsirup abschmecken und in zwei Bechergläser verteilen. Mit Minzeblättchen garnieren.

power

Pro Drink: 165 Kcal • 5 g EW • 3 g F • 30 g KH

Früchte-Mix mit Weizenkeimen

auch mal mit frischem Ingwer probieren

Zutaten für 2 Drinks: • 1 Stück Honigmelone (150 g) • 1/2 Banane • Saft von 4 Orangen • 2 EL Weizenkeime (aus dem Reformhaus) • 1 Msp. Ingwerpulver

Die Melone schälen, entkernen und klein würfeln. Die Banane schälen, in Stücke schneiden. Die Früchte mit dem Orangensaft, den Weizenkeimen und dem Ingwer in einem hohen Rührbecher mit dem Pürierstab kräftig durchmixen. In zwei große Gläser füllen und mit dicken Trinkhalmen servieren.

power

Pro Drink: 155 Kcal • 4 g EW • 1 g F • 31 g KH

Erfrischender

Powerdrink, der mental fit macht

Zitrus-Kefir-Drink

Zutaten für 2 Drinks: • **250 g Kefir (1,5 % Fett) • 200 ml frisch gepreßter Orangensaft • Saft von 1 Limette • 2 EL Lecithin-Granulat (aus dem Reformhaus) • 1 EL flüssiger Honig • 1/4 TL gemahlene Vanille**

Den Kefir, den Orangen- und Limettensaft mit Lecithin-Granulat und zwei Drittel des Honigs in einem hohen Rührbecher kräftig durchmixen. Mit dem übrigen Honig abschmecken. Zitrus-Kefir in zwei Gläser verteilen und mit Vanille bestreuen.

power

PRO DRINK: 280 KCAL • 5 g EW • 17 g F • 23 g KH

Tomaten-Drink

am besten leicht gekühlt servieren

mit Basilikum

Zutaten für 2 Drinks: • **4 vollreife Fleischtomaten • 100 g Dickmilch • 1 EL Basilikumblättchen • 1 Prise Zucker • ein paar Tropfen Tabasco**

Die Tomaten waschen und kleinschneiden, dabei die Stielansätze entfernen. Die Tomaten mit der Dickmilch, dem Basilikum und dem Zucker in einem hohen Rührbecher mit dem Pürierstab sehr fein pürieren. Mit Tabasco tropfenweise abschmecken. Den Drink in zwei Gläser verteilen.

power

PRO DRINK: 70 KCAL • 4 g EW • 2 g F • 8 g KH

Gemüsecurry mit Erdnüssen

scharf durch rote Chilis und frischen Ingwer

Den Reis nach Packungsangabe garen. Den Ingwer, den Knoblauch und die Schalotten schälen und fein würfeln. Die Chilischoten aufschlitzen, putzen, waschen und in feine Ringe schneiden.

Den Brokkoli waschen und putzen, in kleine Röschen teilen. Die Möhren waschen, schälen und schräg in Scheiben schneiden. Die Paprikaschote halbieren, die Stielansätze, Kerne und Trennhäutchen entfernen, die Hälften waschen und in Streifen schneiden. Die Champignons putzen und vierteln.

Das Öl in einem Wok oder in einer großen Pfanne erhitzen. Ingwer, Knoblauch, Schalotten und Chilischoten darin unter Rühren kurz anbraten. Die Currypaste einrühren und kurz mitbraten. Nach und nach die Kokosmilch dazugeben. Brokkoli und Möhren unterheben und etwa 3 Minuten rührbraten. Dann das übrige Gemüse hinzufügen und so lange weitergaren, bis alles bißfest ist. Mit Salz und Zitronensaft abschmecken. Die Erdnüsse grob hacken, mit dem Koriander über das Curry streuen. Mit dem Reis auf Tellern anrichten.

Zutaten für 2 Personen:

125 g Basmatireis
15 g Ingwer
1 Knoblauchzehe
2 Schalotten
1–2 rote Chilischoten
200 g Brokkoli
2 Möhren
1 gelbe Paprikaschote
100 g Champignons
1 EL Öl
2 TL rote Currypaste
300 ml ungesüßte Kokosmilch
Salz, 1–2 TL Zitronensaft
2 EL gesalzene Erdnüsse
2 EL Korianderblättchen

power

Pro Portion: 385 Kcal • 14 g EW • 12 g F • 60 g KH

Maisfritters mit Krabben

schmeckt hervorragend mit Blattsalat

Die Maiskörner in einem Sieb abtropfen lassen, anschließend mit 1 gehäuften Eßlöffel Frischkäse mit dem Pürierstab grob pürieren. Den übrigen Frischkäse abtropfen lassen.

Zutaten für 2 Personen:
100 g Maiskörner (aus der Dose)
50 g körniger Frischkäse
50 g Tiefseekrabben
1 kleine Möhre
1 kleine Knoblauchzehe
1 Eigelb
2 EL Kokosraspel
Salz
schwarzer Pfeffer
1 EL Maisgrieß oder Mehl
2–3 EL Öl
1 EL gehackte Petersilie

Das Krabbenfleisch mit Küchenpapier trockentupfen und grob hacken. Die Möhre waschen, schälen und fein raspeln. Krabben und Möhrenraspel unter den Mais mischen. Den Knoblauch schälen und durch die Knoblauchpresse dazudrücken. Eigelb, Kokosraspel, Salz, Pfeffer und Maisgrieß oder Mehl unterrühren.

Das Öl in einer Pfanne erhitzen. Aus der Masse nach und nach bei mittlerer Hitze 6 Puffer von beiden Seiten in je 3 Minuten goldbraun braten. Auf Küchenpapier entfetten.

Den restlichen Frischkäse mit der Petersilie vermischen. Die Puffer auf Tellern anrichten, je einen Klecks Frischkäse in die Mitte der Puffer setzen und sofort heiß servieren.

power

Pro Portion: 300 kcal • 13 g EW • 21 g F • 16 g KH

Spaghetti mit Brokkolicreme

Raffiniertes mit Parmaschinken und Kapern

Zutaten für 2 Personen:
2 EL Pistazienkerne
1–2 EL kleine Kapern
300 g Brokkoli
Salz
200 g Spaghetti
1 Schalotte
1 EL Öl
150 ml Gemüsebrühe
100 g Quarkzubereitung (0,2 % Fett)
schwarzer Pfeffer
2 TL Zitronensaft
50 g Parmaschinken

Je 1 Eßlöffel Pistazien grob und fein hacken. Die Kapern gut abtropfen lassen. Brokkoli waschen, putzen, in kleine Röschen teilen und in sprudelnd kochendem Salzwasser 3 Minuten blanchieren. Abgießen, eiskalt abschrecken und in einem Sieb gut abtropfen lassen.
Reichlich Salzwasser aufkochen lassen, die Spaghetti darin nach Packungsangabe bißfest garen. Inzwischen die Schalotte schälen und würfeln. Das Öl in einem Topf erhitzen, die Schalotte darin andünsten. Die Hälfte vom Brokkoli, die Gemüsebrühe, den Quark und die feingehackten Pistazien hinzufügen. Alles mit dem Pürierstab zu einer cremigen Sauce pürieren. Mit Salz, Pfeffer und Zitronensaft abschmecken. Den Schinken in breite Streifen schneiden. Die übrigen Brokkoliröschen in der Sauce erwärmen. Die Spaghetti abgießen, nur kurz abtropfen lassen und mit der Gemüsecreme und den Schinkenstreifen in tiefen Tellern anrichten. Die Kapern und die grob gehackten Pistazien darüber streuen.

power

Pro Portion: 590 Kcal • 28 g EW • 17 g F • 83 g KH

Tex-Mex-Rolle mit Avocado

liefert den nötigen Energiekick

Die Tomate waschen, vom Stielansatz befreien und würfeln. Die Paprikaschote putzen, waschen und fein würfeln. Den Staudensellerie waschen, putzen und ebenfalls fein würfeln. Die Avocado schälen, längs halbieren und vom Kern befreien. Eine Hälfte fein würfeln, die andere Hälfte mit 1 Eßlöffel Zitronensaft, der Dickmilch oder dem Joghurt fein zerdrücken. Das Avocadopüree mit den Avocadowürfeln, den Gemüsewürfeln und 1 1/2 Eßlöffeln Kräuterblättchen locker vermischen. Mit Salz, Sambal Oelek und dem übrigen Zitronensaft abschmecken.

Die Füllung auf die Tortillas verteilen, aufrollen und abgedeckt bis zum Servieren kühl stellen. Zum Anrichten die Tex-Mex-Rolle schräg durchschneiden. Mit den restlichen Kräutern garnieren.

Zutaten für 2 Personen:

1 Tomate
1/2 gelbe Paprikaschote
1/2 Stange Staudensellerie
1 kleine reife Avocado
1–2 EL Zitronensaft
1 EL Dickmilch oder Joghurt
2 EL gehackte Koriander- oder Petersilienblätter
Salz
1/4 TL Sambal Oelek
2 vorgebackene Soft-Tortillas (Fertigprodukt mit 16 cm Durchmesser)

Solo oder als Beilage

Die Tex-Mex-Rolle können Sie sich entweder rein vegetarisch mit einer großen Portion Blattsalat schmecken lassen, oder Sie servieren sie als nicht alltägliche Beilage zu kurzgebratenem Fleisch wie Hähnchenkeulen, Koteletts oder Rindersteaks.

Pro Portion:
220 Kcal
7 g EW • 9 g F
29 g KH

power

Gemüsetopf mit Hirse

viel Serotonin und Eisen für mehr Schwung

Die Hirse mit 150 ml Brühe aufkochen und zugedeckt auf der ausgeschalteten Herdplatte etwa 20 Minuten quellen lassen. Inzwischen Möhren und Kohlrabi waschen und schälen. Möhren in Scheiben und Kohlrabi in Würfel schneiden. Die Zwiebel schälen und fein würfeln.

Zutaten für 2 Personen:
75 g Hirse
1 l Gemüsebrühe
200 g Möhren
1 Kohlrabi, 1 Zwiebel
2 EL Olivenöl
1–2 TL scharfer Senf
1 Lorbeerblatt
Salz, Pfeffer
1 Handvoll Spinatblätter
2 Tomaten
150 g tiefgekühlte Erbsen
1 Knoblauchzehe
3 EL Kräuterblättchen (z. B. Petersilie oder Schnittlauch)

Das Öl in einem Topf erhitzen, Möhren, Kohlrabi und Zwiebel darin andünsten. Restliche Brühe, Senf, Lorbeerblatt, etwas Salz und Pfeffer hinzufügen. Alles aufkochen und zugedeckt bei schwacher Hitze 10 Minuten köcheln lassen.

Spinat waschen, verlesen, grobe Stiele abzwicken und den Spinat zerzupfen. Tomaten waschen, würfeln und dabei von den Stielansätzen befreien. Beides mit den Erbsen noch 10 Minuten köcheln lassen. Knoblauch schälen, durch die Knoblauchpresse in das Gemüse drücken. Kräuter und Hirse unterrühren, alles mit Salz und Pfeffer abschmecken und sofort servieren.

Hirse

Die kleinen gelben Körner stecken voller wichtiger Nährstoffe. Ihr hoher Gehalt an Eisen, Mangan, Kupfer, Magnesium, Fluor, Kieselsäure, Vitaminen der B-Gruppe und Lecithin machen sie zur optimalen Gehirnnahrung. Diese Powermischung macht wach, beschwingt, leicht und lustig.

Pro Portion:
430 Kcal
12 g EW • 15 g F
60 g KH

power

Zucchinirösti mit Lachsstreifen

bringt verbrauchte Energie schnell zurück

In einer Schüssel Eier, Mehl, Salz und Thymian mit einem Schneebesen zu einem dickflüssigen Teig verrühren. Den Teig 15 Minuten zugedeckt im Kühlschrank kalt stellen. Inzwischen die Schalotte schälen, sehr fein würfeln. Die Zucchini waschen, putzen und auf einer Gemüsereibe grob raspeln. Die Schalotte und die Zucchiniraspel mit der Sahne unter den Teig rühren. Dann die Masse mit Salz und Pfeffer würzen.

In einer großen Pfanne das Öl bei mittlerer Hitze heiß werden lassen. Darin portionsweise 6–8 Rösti von beiden Seiten in je 3 Minuten goldbraun braten. Die Rösti dann auf Küchenpapier entfetten.

Den Graved Lachs in breite Streifen schneiden und mit den Zucchinirösti auf Tellern anrichten. Joghurt und Limettensaft verrühren und die Lachsstreifen damit beträufeln.

Zutaten für 2 Personen:

2 Eier
50 g Mehl
Salz
1 TL getrockneter Thymian
1 Schalotte
250 g Zucchini
2 EL Sahne
schwarzer Pfeffer
2–3 EL Öl
50 g Graved Lachs
3 EL Joghurt (1,5 % Fett)
2–3 TL Limettensaft

power

Pro Portion: 420 Kcal • 18 g EW • 24 g F • 33 g KH

Grünes Gemüse mit Thunfischsauce

mit reichlich entspannendem Calcium und Magnesium

Das Gemüse waschen und putzen. Vom Spargel das untere Drittel schälen. Zucchini längs vierteln, Staudensellerie längs halbieren. Spargel, Zucchini, Staudensellerie und Frühlingszwiebeln in bohnenlange Stücke schneiden.

Die Limette heiß waschen, abtrocknen, die Schale abreiben, den Saft auspressen. Das Gemüse in eine flache Schüssel füllen, leicht salzen, pfeffern und mit der Limettenschale bestreuen. Die Petersilie waschen und 3 Stengel beiseite legen.

Einen breiten Topf mit 200 ml Wasser füllen, 1/2 Teelöffel Salz, die Spargelabschnitte und die Petersilie hinzufügen. Die Schüssel auf einen Dämpfeinsatz in den Topf stellen und das Gemüse zugedeckt in 10–12 Minuten bißfest dämpfen.

Thunfisch abtropfen lassen. Mit Crème fraîche und 2 Eßlöffeln Limettensaft fein pürieren. Übrige Petersilie fein hacken, mit Kapern unter die Sauce rühren. Die Sauce abschmecken und zum Gemüse servieren.

Zutaten für 2 Personen:

800 g gemischtes Gemüse (z. B. grüner Spargel, Zucchini, Staudensellerie, Bohnen, Frühlingszwiebeln, Zuckerschoten)
1 Limette
Salz
weißer Pfeffer
1/2 Bund Petersilie
1 kleine Dose Thunfisch naturell (80 g Inhalt)
1 EL Crème fraîche
2 TL kleine Kapern

power

* Grünes Gemüse für mehr Vitalität

Grün ist die Hoffnung, sagt man, und meint damit, neue Kraft schöpfen. Wer sich schlapp fühlt, sollte sich etwas Grünes gönnen. Entweder roh oder schonend gegart, damit die belebenden Vitamine und Vitalstoffe erhalten bleiben. Grünes Gemüse beruhigt, entspannt und reduziert Aggressionen.

Pro Portion:
235 Kcal
24 g EW • 14 g F
30 g KH

Gefüllte Kartoffeln

mit würzigem Mandel-Spinat

Die Kartoffeln gründlich unter fließendem Wasser abbürsten und ungeschält in 30 Minuten garen. Inzwischen den Spinat waschen und verlesen, von den groben Stielen befreien. Den Spinat tropfnaß in einem Topf bei starker Hitze zusammenfallen lassen. Anschließend in einem Sieb gut ausdrücken und grob hacken. Die Zucchinohälfte waschen und grob raspeln. Die Zwiebel schälen und würfeln. Den Backofen auf 225° vorheizen. Das Öl erhitzen. Die Zwiebeln mit den Zucchiniraspeln darin 2 Minuten andünsten. Die Kartoffeln abgießen, längs halbieren und die Hälften etwas aushöhlen.

Zutaten für 2 Personen:

- 3 festkochende Kartoffeln (je etwa 200–250 g)
- 200 g Blattspinat
- 1/2 Zucchino
- 1 Zwiebel
- 2 EL Olivenöl
- 1 Ei
- 50 g Gorgonzola
- 30 g frisch gemahlene Mandeln
- 2–3 EL Vollmilchjoghurt
- Salz
- weißer Pfeffer

Das ausgehöhlte Kartoffelfleisch zerdrücken, mit dem Spinat, der Zwiebel-Zucchini-Mischung, Ei, Gorgonzola, Mandeln und Joghurt vermischen. Die Füllung mit Salz und Pfeffer abschmecken und in die Kartoffelhälften verteilen. Auf einem Blech im Backofen (Mitte) etwa 15 Minuten überbacken.

Kartoffeln

Sie enthalten neben Vitaminen, Mineralstoffen und Ballaststoffen auch die Aminosäure Phenylalanin, die Vorstufe für Noradrenalin, eines der wichtigsten Glückshormone. Noradrenalin macht frisch und motiviert, stärkt die Nerven und vermittelt das Gefühl von Wohlbefinden.

Pro Portion:
645 kcal
24 g EW • 34 g F
62 g KH

power

Kartoffeln mit Tomaten-Joghurt

mit vielen belebenden exotischen Gewürzen

Die Gewürze vermischen. Für die Sauce die Tomaten waschen, halbieren, von den Stielansätzen befreien, entkernen und klein würfeln. Den Joghurt mit den Tomatenwürfeln und einem Viertel der Gewürzmischung verrühren. Koriandergrün oder Petersilie waschen, trockenschütteln, die Blättchen von den Stielen zupfen und fein hacken. Die Hälfte unter den Tomaten-Joghurt mischen. Die Sauce mit Salz und Pfeffer abschmecken, zugedeckt kalt stellen. Die Kartoffeln unter fließendem Wasser gründlich abbürsten, abtrocknen und ungeschält vierteln. Die Schalotten schälen, längs vierteln. Das Butterschmalz in einer großen Pfanne erhitzen. Kartoffel- und Schalottenviertel hinzufügen und mit der restlichen Gewürzmischung bestreuen.
Alles bei mittlerer Hitze unter Rühren 10 Minuten anbraten, dann die Hitze reduzieren und in weiteren 20 Minuten fertigbraten, dabei ab und zu wenden. Die Kartoffeln mit Salz und Pfeffer abschmecken. Mit den restlichen Kräutern bestreuen und mit dem Tomaten-Joghurt servieren.

Zutaten für 2 Personen:
1 TL gemahlener Koriander
1 TL gemahlener Kreuzkümmel
1/4 TL gemahlener Kardamom
2 Msp. gemahlener Ingwer
je 1 Msp. gemahlener Piment, Zimt und Kurkuma (Gelbwurz)
1 Msp. gemahlene Muskatnuß
2 Tomaten
150 g Vollmilchjoghurt
5 Zweige Koriandergrün
Salz, Pfeffer
500 g festkochende Kartoffeln
4 Schalotten
1 EL Butterschmalz

power

Pro Portion: 280 Kcal • 8 g EW • 11 g F • 38 g KH

Heilbutt mit Reis-Gemüse-Kruste

liefert reichlich leicht verdauliches Eiweiß und Ballaststoffe

Zutaten für 2 Personen:

50 g Naturreis
2 Heilbuttkoteletts
Salz
weißer Pfeffer
1 EL Zitronensaft
Fett für die Form
1/2 Stange Lauch
1 Möhre
1/2 EL Butter
1 EL gehackte Petersilie
2 EL frisch geriebener Emmentaler
4 dünne Zitronenscheiben
Brunnenkresse- oder Petersilienblättchen

Den Reis nach Packungsangabe garen. Den Backofen auf 200° vorheizen. Die Heilbuttkoteletts kalt abspülen, trockentupfen, salzen, pfeffern und mit dem Zitronensaft beträufeln. Eine flache feuerfeste Form ausfetten.

Den Lauch und die Möhre waschen. Den Lauch putzen, die Möhre schälen und beides in sehr feine Streifen schneiden oder würfeln. Die Butter in einer Pfanne aufschäumen lassen, das Gemüse darin 2 Minuten andünsten. Mit Salz und Pfeffer würzen. Den Reis abtropfen lassen. Die Gemüsemischung mit dem Reis, Petersilie und Emmentaler locker vermengen.

Die Heilbuttkoteletts nebeneinander in die Form legen. Die Reis-Gemüse-Mischung darauf verteilen. Den Fisch im Backofen (Mitte) 20–25 Minuten backen, bis sich eine leichte Kruste bildet. Mit den Zitronenscheiben und Kräutern garniert servieren.

power

PRO PORTION: 520 KCAL • 10 g EW • 14 g F • 50 g KH

Kräuter-Makrelen

mit hochwertigen Fettsäuren und Vitalstoffen

in Folie

Den Backofen auf 175° vorheizen. Die Makrelen innen und außen waschen und trockentupfen. Rundherum mit Salz, Pfeffer und Zitronensaft würzen und mit den Kräutern bestreuen.

Zutaten für 2 Personen:
2 küchenfertige Makrelen
Salz
weißer Pfeffer
2 TL Zitronensaft
3 EL frisch gehackte Kräuter
150 g Magerquark
4 EL Milch
2 EL Sahne-Meerrettich
1 EL Kapern
1–2 TL süßer Senf
2–3 EL Kresseblättchen

Die Makrelen nebeneinander in einen Bratfolien-Schlauch legen. Den Schlauch nach Packungsanweisung verschließen. Auf den kalten Rost legen und die Fische im Ofen (Mitte) 20 Minuten garen.

Inzwischen den Quark mit der Milch und dem Sahne-Meerrettich cremig aufschlagen. Die Kapern fein hacken und unterheben. Die Creme mit Senf, Salz und Pfeffer abschmecken. Die Kresseblättchen abspülen, trockenschütteln und locker unterheben.

Die Meerrettich-Kapern-Creme zu den Kräuter-Makrelen servieren. Dazu schmecken Pellkartoffeln oder kräftiges Roggenbrot.

Makrele

Sie ist ein echter Fitneß-Fisch, denn ihre Top-Gehalte an Kalium, Jod, dem Nervenvitamin Niacin, den Vitamin D, B_6, B_{12}, hochwertigen Aminosäuren und Omega-3-Fettsäuren sorgen für einen Turboeffekt, der die Laune hebt und Power gibt.

Pro Portion:
470 Kcal
47 g EW • 30 g F
4 g KH

power

Thunfisch
belebt mit seinen Inhaltsstoffen alle Sinne
aus dem Ofen

Die Fischkoteletts kalt abspülen, trockentupfen, mit Zitronensaft und 1 Eßlöffel Anisbrand beträufeln und kalt stellen. Den Backofen auf 225° vorheizen. Den Fenchel waschen, putzen, halbieren und in dünne Scheiben schneiden. Das Fenchelgrün beiseite legen.

Die Schalotte schälen und fein würfeln. Eine feuerfeste Form mit Öl auspinseln. Fenchel, Schalotte und Oregano in der Form verteilen, salzen, pfeffern und mit dem übrigen Öl beträufeln. Die Brühe und den übrigen Anisbrand angießen.

Den Fenchel im Backofen (Mitte) 15 Minuten schmoren, dabei einmal umrühren. Inzwischen die Tomaten waschen, von den Stielansätzen befreien und würfeln. Den Fisch salzen und pfeffern, auf den Fenchel legen. Die Tomatenwürfel darübergeben. Die Butter in Flöckchen darauf verteilen. Alles in etwa 15 Minuten fertiggaren. Das Fenchelgrün hacken und über den Fisch streuen. Als Beilage schmeckt Stangenbrot oder Kartoffelpüree.

Zutaten für 2 Personen:
2 Thunfischkoteletts
1 EL Zitronensaft
4 EL Anisbrand
350 g kleine Fenchelknollen
1 Schalotte
2 TL Olivenöl
2 Zweige Oregano
Salz
schwarzer Pfeffer
150 ml Gemüsebrühe
3 Tomaten
1 EL Butter

Fenchel

Er hat eine wohltuende Wirkung auf Körper und Psyche. Der Inhaltsstoff Calcium spielt eine wichtige Rolle für Nerven und Gehirn. Eisen ist unentbehrlich für eine gute Sauerstoffversorgung und die ätherischen Öle beruhigen und entspannen.

PRO PORTION:
690 KCAL
49 g EW • 40 g F
20 g KH

power

Fischsuppe mit Curry

Exotisch und kräftig – zum Sattessen

Zutaten für 2 Personen:
1 kleiner Zucchino
2 kleine rote Paprikaschoten
2 EL Öl
250 g festkochende Kartoffeln
1 Schalotte
1 Knoblauchzehe
2 EL Kokosraspel
1–2 TL Currypulver
1/2 l Gemüsebrühe
400 ml Fischfond (aus dem Glas)
Salz
200 g Viktoriabarschfilet
4 ausgelöste Garnelen
frische Dillspitzen

Den Zucchino waschen, putzen und klein würfeln. Die Paprikaschoten halbieren, die Stielansätze, Kerne und Trennhäutchen entfernen. Die Hälften waschen und klein würfeln. In einem Topf 1 Eßlöffel Öl erhitzen. Das Gemüse darin 1 Minute andünsten, herausheben und zugedeckt beiseite stellen. Die Kartoffeln waschen, schälen und würfeln. Schalotte und Knoblauch schälen, beides fein würfeln.

Das restliche Öl im Topf erhitzen, die Kartoffeln, Schalotte und den Knoblauch darin andünsten. Kokosraspel und Curry untermischen und kurz mit anrösten. Mit Brühe aufgießen und zugedeckt 10 Minuten bei schwacher Hitze köcheln lassen. Das beiseite gestellte Gemüse, den Fond und etwas Salz hinzufügen und zugedeckt 5 Minuten bei schwacher Hitze köcheln lassen. Das Fischfilet und die Garnelen trockentupfen. Das Filet in nicht zu kleine Stücke schneiden. Etwa ein Viertel des Gemüses aus der Brühe heben und pürieren. Das Püree mit den Fischstücken und den Garnelen zur Suppe geben. Den Fisch darin zugedeckt bei schwacher Hitze in etwa 4 Minuten gar ziehen lassen. Die Fischsuppe abschmecken und mit Dillspitzen garniert servieren.

power

Pro Portion: 390 kcal • 31 g EW • 17 g F • 27 g KH

Lammspießchen mit Sesam-Reis

reich an Eiweiß und Kohlenhydraten

Die Tomaten über Kreuz einritzen und für einige Sekunden in kochendes Wasser legen, herausheben, häuten und entkernen. Tomaten von den Stielansätzen befreien und kleinschneiden.

Zutaten für 2 Personen:

500 g vollreife Tomaten
1 kleine Zwiebel
1 Knoblauchzehe
1 1/2 EL Olivenöl
Salz
schwarzer Pfeffer
1 TL Ahornsirup
150 g Langkornreis
300 g Lammschulter
Holzspieße
1 gelbe Paprikaschote
2 EL Sesamsamen
1 EL Kapern

Zwiebel und Knoblauch schälen, sehr fein würfeln und in 2 Teelöffel Öl glasig dünsten. Tomaten, Salz, Pfeffer und Ahornsirup dazugeben, zugedeckt 20 Minuten sanft köcheln lassen. Den Reis nach Packungsangabe garen. Das Fleisch würfeln. Die Paprikaschote halbieren, putzen, waschen und in Stücke schneiden. Dann im Wechsel mit dem Fleisch auf Holzspießchen stecken.

Das restliche Öl erhitzen. Die Spieße darin etwa 15 Minuten braten, salzen und pfeffern. Sesamsamen ohne Fett anrösten und unter den Reis mischen. Die Kapern unter die Tomatensauce rühren und abschmecken.

Sesamsamen

Er macht fit und hält jung. Inhaltsstoffe sind unter anderem Calcium, Selen, Kieselsäure und Lecithin. Lecithin ist unentbehrlich für die optimale Funktion der Nervenzellen. Der Bestandteil Cholin ist ein wesentlicher Baustein des Neurotransmitters Acetylcholin. Dieser hält Nerven, Gehirn und Hormone auf Trab.

Pro Portion:
585 kcal
41 g EW • 15 g F
71 g KH

Rumpsteaks in Honigmarinade

mit Zucchini und getrockneten Tomaten

Olivenöl, Thymian, Honig und Pfeffer verrühren. Den Knoblauch schälen und durch die Knoblauchpresse dazupressen. Die Rumpsteaks trockentupfen, rundherum mit der Marinade bestreichen und zugedeckt 2 Stunden darin ziehen lassen.

Die Tomaten in einem Sieb abtropfen lassen, dabei das Öl auffangen. Die Zucchini waschen, putzen, längs halbieren und in Scheiben, die Tomaten in Streifen schneiden.

Die Steaks aus der Marinade nehmen und abtropfen lassen. In einer beschichteten Pfanne auf jeder Seite 2 Minuten scharf anbraten, dabei nach und nach die restliche Marinade zugießen. Das Fleisch salzen, aus der Pfanne nehmen und zugedeckt warm stellen.

Die Zucchinischeiben, die Tomatenstreifen und das Tomatenöl in die Pfanne geben, alles unter Rühren 3 Minuten braten. Das Gemüse mit Salz, Pfeffer, Zucker und Essig abschmecken. Das Zucchinigemüse zu den Steaks servieren.

Zutaten für 2 Personen:

2 EL Olivenöl
1/2 TL getrockneter Thymian
2 TL Akazienhonig
schwarzer Pfeffer
1 Knoblauchzehe
2 Rumpsteaks (je etwa 150 g)
50 g getrocknete Tomaten in Öl
300 g Zucchini
Salz
1 Prise Zucker
1–2 EL Aceto balsamico

power

Pro Portion: 585 Kcal • 41 g EW • 15 g F • 71 g KH

Chili-Hähnchen mit Mango-Dip

Leichtes und Fruchtiges aus Südamerika

Die Mango schälen und das Fruchtfleisch in breiten Streifen vom Stein abschneiden. Die Mangostreifen in Spalten schneiden und mit Zitronensaft beträufeln. Für den Dip ein Drittel der Spalten mit dem Joghurt fein pürieren.

Die Salatblätter waschen, trockenschütteln und in große Stücke zupfen. Die Chilischote aufschlitzen, putzen und in feine Ringe schneiden. Das Hähnchenfleisch trockentupfen und in fingerbreite Streifen schneiden. Das Öl in einer beschichteten Pfanne erhitzen, die Hähnchenbruststreifen mit der Chilischote darin in 4 Minuten rundherum goldbraun braten. Mit Salz würzen. Chili-Hähnchen, Salat und Mangospalten auf Tellern anrichten und den Mango-Dip darüber träufeln. Mit den Tortilla-Chips servieren.

Zutaten für 2 Personen:

1 reife Mango
2 EL Zitronensaft
50 g Vollmilchjoghurt
4 Blätter Lollo bionda
1 rote Chilischote
250 g Hähnchenbrustfilet
2 EL Öl
Salz
50 g Tortilla-Chips

* Lebensgeister wecken

Das magere und leicht verdauliche Hähnchenfleisch enthält eine Fülle von Vitaminen, Mineralstoffen und hochwertigen Aminosäuren, die für den Aufbau von Botenstoffen benötigt werden. Diese Kombination spendet Energie wie Motivation und stärkt auch die Lebensgeister.

Pro Portion:
395 kcal
32 g EW • 17 g F
27 g KH

power

Schokoladen-Mousse

gewürzt mit Kardamom und Kaffeelikör

Von der Schokolade 90 g in Stücke brechen und in einer Schüssel im warmen Wasserbad erst schmelzen, dann lauwarm abkühlen lassen. Inzwischen das Espressopulver in 2 Eßlöffel heißem Wasser auflösen, den Kaffeelikör und den Kardamom unterrühren.

Das Ei trennen. Eiweiß und Sahne getrennt steif schlagen. Das Eigelb mit Puderzucker, Vanillezucker und 1 Eßlöffel lauwarmem Wasser cremig rühren, bis der Zucker vollständig aufgelöst ist. Die Espresso-Kardamom-Mischung und nach und nach die lauwarme Schokolade unter die Eiercreme rühren. Dann die Sahne und zuletzt den Eischnee unterheben.

Die Mousse in zwei Dessertgläser füllen und zugedeckt mindestens 2 Stunden oder über Nacht kalt stellen. Von der restlichen Schokolade mit einem Sparschäler Späne abziehen und über die Mousse streuen. Nach Belieben mit frischen Beeren, zum Beispiel Erdbeeren, servieren.

Zutaten für 2 Personen:

- **100 g Edelbitter-Schokolade**
- **2 TL lösliches Espressopulver**
- **2 EL Kaffeelikör**
- **1/2 TL gemahlener Kardamom**
- **1 ganz frisches Ei**
- **75 g Sahne**
- **1 EL Puderzucker**
- **1 Päckchen Vanillezucker**

* Die Richtige muß es sein

Damit Schokolade bei jedem Frust helfen kann, ist eine möglichst dunkle Sorte empfehlenswert; je höher der Kakaoanteil und je niedriger der Zuckeranteil, desto besser. Nicht die Menge ist letztendlich entscheidend, sondern daß man Schokoladiges langsam und bewußt genießt.

PRO PORTION:
455 KCAL
7 g EW • 30 g F
39 g KH

power

Mascarpone-Kirschbecher

mit italienischem Mandelgebäck

Die Mandelblättchen in einem Pfännchen ohne Fett unter Rühren goldgelb rösten. Sofort herausnehmen und abkühlen lassen. Den Mascarpone, Vanille, Zucker und Milch in einer Schüssel mit dem Schneebesen cremig rühren und zugedeckt im Kühlschrank kalt stellen.

Die Kirschen waschen, vorsichtig trockentupfen, entstielen und entsteinen. Das Mandelgebäck mit einem Messer nur grob zerdrücken und mit dem Sherry beträufeln.

Die Mascarponecreme, das Mandelgebäck und die Kirschen schichtweise locker in zwei hohe Bechergläser verteilen. Den Mascarpone-Kirschbecher mit den Mandelblättchen bestreuen und servieren.

Zutaten für 2 Personen:

2 EL Mandelblättchen
200 g Mascarpone
1 Msp. gemahlene Vanille
2 EL Zucker
60 ml Milch
200 g Süßkirschen
50 g (Amarettini) italienisches Mandelgebäck
2 EL Cream Sherry

Kirschen

Zum Rohessen eignen sich Süßkirschen am besten. Sie enthalten mehr Mineralstoffe und Spurenelemente als Sauerkirschen. Je dunkler die Farbe der Früchte ist, desto reifer und aromatischer sind sie.

Pro Portion:
735 kcal
9 g EW • 59 g F
37 g KH

power

erfrischt und belebt

Waldhonig-Parfait

In einem flachen Topf eine Handbreit Wasser aufkochen lassen. In einer hitzefesten Schlagschüssel Eigelbe, Honig, Vanillezucker und Ingwerpulver cremig verrühren.

Die Schüssel in das heiße, aber nicht mehr kochende Wasserbad stellen und die Masse mit dem Schneebesen so lange kräftig schlagen, bis sie dickschaumig ist. Aus dem Wasserbad heben und unter weiterem Schlagen abkühlen lassen.

Die Sahne steif schlagen. Zuerst die Sahne, dann den Joghurt unterziehen. Die Parfaitmasse in zwei Portionsförmchen oder Tassen füllen und zugedeckt für mindestens 3 Stunden ins Gefrierfach stellen.

Etwa 20 Minuten vor dem Servieren das Parfait aus dem Gefrierfach nehmen. Die Beeren verlesen, Erdbeeren kurz waschen und trockentupfen. Das Parfait auf flache Teller stürzen, mit den Beeren umlegen und alles mit einem Hauch Puderzucker bestäuben.

Zutaten für 2 Personen:

2 Eigelbe
40 g Waldhonig
1 Päckchen Vanillezucker
2 Msp. Ingwerpulver
75 g Sahne
50 g Joghurt (1,5 % Fett)
250 g Walderdbeeren oder Himbeeren
etwas Puderzucker

Honig

Er bietet ein breites Wirkungsspektrum, so fördert der Inhaltsstoff Chrom die energiebringende Glucoseverwertung im Gehirn. Azetylcholin beschleunigt die Signalübertragung zwischen den Nervenzellen und die sanfte Konsistenz von Honig löst über die Sinneszellen beruhigende Reflexe auf das Nervensystem aus.

Pro Portion:
335 Kcal
7 g EW • 19 g F
35 g KH

power

Feigen mit Zimtschaum

Duft und Aroma wirken entspannend

Orange dick schälen und die Filets herauslösen. 3 Orangenfilets in ein Sieb geben und mit einer Gabel auspressen, so daß 4 Eßlöffel Saft dabei entstehen. Feigen vorsichtig waschen, trockentupfen und in Scheiben schneiden. Die Scheiben in eine Schüssel legen, mit 2 Eßlöffel Orangensaft beträufeln und zugedeckt beiseite stellen.

Zutaten für 2 Personen:

1 kleine Orange
3 reife Feigen
1 Eigelb
1 EL Puderzucker
2 Msp. Zimtpulver
8 EL Milch

In einem Topf eine Handbreit Wasser aufkochen lassen. In einer hitzefesten Schlagschüssel das Eigelb mit Puderzucker, Zimt und dem restlichen Orangensaft mit einem Schneebesen cremig verrühren. Die Schüssel in das heiße, aber nicht mehr kochende Wasserbad stellen und die Milch hinzufügen. Die Masse mit dem Schneebesen so lange kräftig schlagen, bis ein cremiger Schaum entsteht.

Die Feigen und den Zimtschaum sofort anrichten und servieren.

Feigen müssen reif sein

Achten Sie darauf, wirklich reife Feigen zu kaufen. Denn nur sie haben den Duft und das unnachahmliche Aroma. Am besten schmecken die Früchte leicht gekühlt. Wer die Schale nicht mitessen mag, kann die Feigen auch behutsam schälen.

Pro Portion:
135 Kcal
4 g EW • 5 g F
17 g KH

power

Ananas-Papaya-Salat

mit Limettensaft und Sesamkrokant

Zutaten für 2 Personen: • 2 EL Sesamsamen • 2 EL Zucker • 1 TL Öl • 1/2 Baby-Ananas • 1 Kiwi • 1 kleine reife Papaya • 2 EL Limettensaft • 1 Prise gemahlene Vanille

Sesamsamen und Zucker unter Rühren goldbraun rösten. Auf geölte Alufolie gießen, abkühlen lassen. Die Ananashälfte schälen, längs halbieren und in Stücke schneiden. Kiwi und Papaya schälen, Papaya längs halbieren und entkernen. Beides in Scheiben schneiden. Limettensaft und Vanille verrühren, die Früchte darin wenden. Den Krokant zerbröseln, über den Salat streuen.

power

Pro Portion: 165 Kcal • 2 g EW • 5 g F • 39 g KH

Datteln auf Minze-Quark

schmeckt leicht gekühlt am besten

Zutaten für 2 Personen: • 2 Zweige Minze • 1 EL Zucker • 1 Päckchen Vanillezucker • 1 EL gehackte Haselnüsse • 2 EL Milch • 250 g Quarkzubereitung (0,2 % Fett) • 2 EL Zitronensaft • 8 frische Datteln

Die Minze waschen, trockenschütteln, die Blättchen von den Stengeln zupfen und grob hacken. Minze, Zucker, Vanillezucker und Nüsse im elektrischen Zerhacker fein mahlen. Die Mischung mit der Milch unter den Quark rühren, mit Zitronensaft abschmecken. Die Datteln waschen, abtrocknen, entsteinen und längs in Spalten schneiden. Dekorativ auf dem Quark anrichten.

power

Pro Portion: 270 Kcal • 19 g EW • 4 g F • 42 g KH

Aprikosen-Quark-Gratin

dekorativ mit Pistazienkernen

Den Backofen auf 220° vorheizen. Die Aprikosen waschen, gut abtrocknen, halbieren und entsteinen. Die Früchte in dicke Spalten schneiden und mit dem Aprikosenlikör beträufeln.

Das Ei trennen. Das Eiweiß steif schlagen. Das Eigelb mit Puderzucker, Vanillezucker und Quark glattrühren. Den Eischnee unter die Quarkmasse heben. Zwei flache feuerfeste Förmchen dünn mit Butter ausstreichen. Die Quarkmasse in die Förmchen verteilen und die Aprikosenspalten darauf fächerförmig anordnen.

Das Gratin im Backofen (Mitte) zunächst 10 Minuten backen. Dann bei 250° weitere 5 Minunten überbacken, bis die Oberfläche des Gratins goldbraun ist. Mit Pistazien garniert warm servieren.

Zutaten für 2 Personen:

250 g Aprikosen
1 EL Aprikosenlikör
1 Ei
1 EL Puderzucker
1 Päckchen Vanillezucker
125 g Magerquark
1/2 TL weiche Butter
1 EL gehackte Pistazienkerne

Läßt sich gut variieren

Je nach Jahreszeit und Appetit läßt sich die Frucht für das Gratin austauschen. Besonders gut darin schmecken beispielsweise auch Bananen, Feigen, Ananas, Orangen, Beeren und Kirschen. Sie können natürlich auch verschiedene Obstsorten mischen.

Pro Portion:
200 Kcal
14 g EW • 6 g F
21 g KH

power

Register

Rezepte für gute Laune

Abkürzungen

TL = Teelöffel
EL = Eßlöffel
Msp. = Messerspitze
kcal = Kilokalorien
EW = Eiweiß
F = Fett
KH = Kohlenhydrate

Impressum

Redaktion: Ina Schröter
Lektorat: Dipl. oec. troph. Maryna Zimdars
Umschlaggestaltung: independent Medien-Design, Claudia Fillmann
Innenlayout: Heinz Kraxenberger
Herstellung: Helmut Giersberg
Fotos: FoodPhotography Eising, München
Satz: Johannes Kojer
Reproduktion: Repro Schmidt, Dornbirn
Druck: Appl, Wemding
Bindung: Sellier, Freising

ISBN: 3-7742-1168-X

Auflage: 5. 4. 3. 2. 1.
Jahr: 03 02 01 2000 99

Marlisa Szwillus
Nach dem Oecotrophologiestudium und anschließender Tätigkeit in der Redaktion einer renommierten Frauenzeitschrift leitete sie mehrere Jahre lang das Kochressort der größten europäischen Food-Zeitschrift. Sie arbeitet seit 1993 freiberuflich als Fachjournalistin und Buchautorin in München. Sie ist Mitglied des Food-Editors-Clubs Deutschland und verknüpft als Expertin in ihren aktuellen Themen stets die gesunde Ernährung mit kulinarischem Genuß.

Susie M. und **Pete Eising** haben Studios in München und Kennebunkport, Maine (U.S.A.). Sie studierten an der Fachakademie für Fotodesign in München, wo sie 1991 ihr eigenes Studio für Food Fotografie gründeten.

Für dieses Buch:
Fotografische Gestaltung:
Martina Görlach
Foodstyling:
Monika Schuster

Ein Dankeschön für die Unterstützung bei der Fotoproduktion:
Adornetto (Kirchheim)
Designers Guild (Deutschland)
LSA (London)
Mercantile (Planegg)
Perles d' Asie (Paris)

Das Original mit Garantie

IHRE MEINUNG IST UNS WICHTIG. Deshalb möchten wir Ihre Kritik, gerne aber auch Ihr Lob erfahren. Um als führender Ratgeberverlag für Sie noch besser zu werden. Darum: Schreiben Sie uns! Wir freuen uns auf Ihre Post und wünschen Ihnen viel Spaß mit Ihrem GU-Ratgeber.

UNSERE GARANTIE: Sollte ein GU-Ratgeber einmal einen Fehler enthalten, schicken Sie uns das Buch mit einem kleinen Hinweis und der Quittung innerhalb von sechs Monaten nach dem Kauf zurück. Wir tauschen Ihnen den GU-Ratgeber gegen einen anderen zum gleichen oder ähnlichen Thema um.

Ihr Gräfe und Unzer Verlag
Redaktion Kochen
Postfach 86 03 25
81630 München
Fax: 089/41981-113
e-mail: leserservice@graefe-und-unzer.de